De mi puño y letra

De mi puño y letra

Iliass Ben Abdennour

Exit editorial

Colección Exit narrativa

© de los textos: Iliass Ben Abdennour
© de la presente edición: Exit editorial
© Maquetación de portada e interior: Exit editorial

BLB CONSULTORES REGISTRALES E HIPOTECARIOS S.L. B86927563
Calle Chopos, 31, 28221 Majadahonda
Teléfono: 616985408 / 673161172
Email: comunicacion@exitcomunicacion.com
Página Web: www.exitcomunicacion.es

Primera edición: Noviembre 2025
ISBN: 979-13-990585-5-0
Depósito legal: M-23415-2025
Impreso en España

A la palabra,
al amor
y a la libertad.

Datos biográficos del autor

Iliass Ben Abdennour nació en Tetuán en 1986. En 2006 obtuvo el Bachillerato en Letras y en 2009 la licenciatura en Filología Hispánica por el Departamento de Estudios Hispánicos de la Facultad de Letras y Ciencias Humanas de Tetuán. En el mismo año obtuvo el DELE (Diploma de Español como Lengua Extranjera nivel superior (C2). En 2011 obtuvo el Máster en Cultura Hispánica y comunicación y al año siguiente el diploma en Las Nuevas Tecnologías Aplicadas al Aula ELE por el Centro de Lenguas Modernas de la Universidad de Granada. Desde 2012 ejerce la docencia como profesor de español como segunda lengua extranjera.

Ha participado en conferencias y coloquios como: EL Norte de Marruecos en la visión de Roberto Arlt y en el Criador de gorilas, Universidad Autónoma de Baja California Sur (Méjico). EL XI Encuentro Hispano Marroquí de poesía don Miguel de Unamuno, Fundación Mgara Rebahi. El XII Encuentro Hispano Marroquí de poesía Rafael Guillen: "El momento actual de la literatura marroquí en español", Fundación Mgara Rebahi. En 2023 publicó su primer poemario titulado *Poemas del Alma*. En 2024 colaboró en la Antología *Voces marroquíes poetizan en castellano*. En el mismo año también participó en la antología *Mare Nostrum* I Encuentro Internacional de Poesía y en 2025 colaboró en otra antología de *Mare Nostrum*, II Encuentro Internacional de Poesía.

Publicó dos artículos de investigación sobre "*El Boom de la novela latinoamericana y la universalización de un talento incomparable*" (Hispanismo de Magreb) y "*La inmigración árabe a Latinoamérica: una aproximación histórica y literaria*" (Hispanismo del Magreb). Ha colaborado con la revista cultural Dos Orillas con relatos cortos como "*Mis zapatos lo dicen todo*" y publica artículos de opinión y reflexión en el periódico digital InfoMarruecos abordando temas como la educación, la enseñanza del español, la literatura y los medios de comunicación entre otros muchos temas.

En 2024 obtuvo el Tercer Premio en el Certamen Internacional de Relato Corto organizado por la Fundación Mgara Rebahi con el relato "*Mis zapatos lo dicen todo*" y en 2025 fue finalista en el mismo certamen de relato corto organizado por la fundación Mgara Rebahi con el relato "*Las confesiones de Calíope*".

Prólogo

Durante varios años intenté con descaro imitar a algunos clásicos de las letras hispánicas pero, evidentemente, siempre me quedaba en el intento. Después de tantas lecturas pude palpar la magia de la poesía a través del poema que logró agitar los cimientos de mi esencia: *"Muerte en el olvido"* de Ángel González. Un poema que logró acariciar mi alma con un ingenio que nunca pude llegar a describir:

"Yo sé que existo

porque tú me imaginas.

Soy alto porque tú me crees

alto, y limpio porque tú me miras

con buenos ojos,

con mirada limpia.

..."

Copié el poema en una agenda donde guardaba los aforismos y las reflexiones de mis autores favoritos. Memoricé el poema y empecé a recitarlo una y otra vez con un entusiasmo infantil. Descubrí lo bello que es llegar a emocionar y hacer reflexionar a través de la poesía. Aprendí que para cultivar este noble género debemos leer mucho, escribir con responsabilidad y adoptar el principio de todas las virtudes durante el proceso creativo: la humildad.

Desde que penetré en la esencia de aquel poema, junto a otros de Luis Cernuda, Federico García Lorca, Gustavo Adolfo Bequer, Pablo Neruda, Mario Benedetti y Nizar Qabbani (poeta sirio), supe que estaba ante un inmaculado género y que cuando comparo lo que escribo con los maestros que me marcaron, descubro que mis versos no son más que unos tímidos intentos poéticos.

A veces la inspiración, la disciplina y la pasión son insuficientes cuando la humildad deja de acompañarnos durante nuestro trayecto creativo. La arrogancia causa ceguera, arrastra al fracaso y nos impide detectar y reconocer nuestros errores. Una actitud que nos empequeñece ante el lector y nos convierte en una presa fácil ante la crítica.

Donde hay arrogancia, habrá ignorancia y la poesía es y siempre será una lección de humildad, porque nos hace ver el mundo con los ojos de un niño.

Iliass Ben Abdennour

Introducción

Sobre el amor se ha derramado mucha tinta, y a pesar del abundante número de autores y obras que han adoptado al amor como motivo para sus creaciones literarias, sigue despertando mucho interés gracias a las diferentes experiencias que envuelven su gestación y desarrollo. El amor como sentimiento universal siempre ha sido definido y concebido desde distintas perspectivas, pero las definiciones que más se adecuan a su verdadera esencia son las relacionadas con los conceptos de "cuidar" e "inspirar".

Amar es cuidar, inspirar, entender la singularidad del ser amado, compartir, empatizar, apoyar... entre otras muchas cosas. Si el amor fuera la base de todas nuestras acciones y el sustento de nuestro sistema de creencias, el sueño de un mundo mejor dejaría de ser una utopía para convertirse en una realidad palpable.

Cuando recurrimos a la escritura lo hacemos para refugiarnos de la realidad que nos tocó vivir y también para desnudar el alma cuando nos cuesta hacerlo delante de las personas que nos rodean. Cada poema nació a raíz de una idea, una inspiración o una preocupación, que luego se desarrolló para convertirse en un libro de poemas. Algunos poemas fueron escritos en Tetuán, Chefchauen, Jenifra; en el café, el hotel o simplemente en casa. Las musas cuando deciden asomarse a nuestra pluma no suelen avisar, por lo que la inspiración puede llegar en cualquier momento y en cualquier lugar sin previo aviso.

De mi puño y letra nace para reivindicar la palabra, el amor y la creatividad como recursos fundamentales para reconciliarnos con la vida y con nosotros mismos. El libro se compone de 42 poemas donde cada poema representa un diálogo sereno y sincero de la inspiración con el ser amado.

Amen, inspiren, hagan el bien y no dejen de soñar.

Iliass Ben Abdennour

El reino de mis cielos

Acariciaba sus blancas plumas,
cuando unos tímidos pasos,
rompieron la triste calma,
del ensordecedor silencio
que reinaba en la plaza.
Mis manos respiraron,
cuando su profunda voz
penetró en mi solitario oído.
Entonces solté la peregrina paloma.
y la serena paz inundó,
el reino de mis cielos.

Tu amanecer

La noche envejecía
frente a mi ventana.
Los lirios y las rosas
del jardín de mi luna,
adornaban el mapa
del adolescente cielo de abril.
Una rebelde copla gitana
rompió el silencio altivo,
que reinaba en mi ser
cunado intentaba descifrar
el virgen misterio
del secreto de tu amanecer.

Dos versos

Me dijo: ¿Por qué escribes poesía?
Me preguntó mientras trataba
de enlazar dos inocentes versos.
Le dije: escribo poesía para explorar
la felicidad que emana de tus ojos,
cuando te veo caminar
por los campos de mi inspiración.
Sonriendo, agachó la cabeza,
y se puso a interpretar la verdad
de aquellos dos inocentes versos.

La princesa y el bufón

No recuerdo, dijo la princesa,
haber visto a alguien morir de amor.
-Será porque nunca has amado,
Respondió con sarcasmo el bufón.
Muchos me han declarado su amor
pero nadie supo descifrar,
el hondo y vago misterio
que la voz de mi alma esconde.
-Ahora entiendo, afirmó el bufón,
por qué el eco de tus noches,
se refugia en las sombras
del silencio de tus palabras.

El refugio de mis noches

Mi niña, de cabellos de oro
y labios de cielo, triste cantaba
en el silencio de la pálida noche,
para ahuyentar las sombras.
En medio de un estribillo,
sus labios murmuraron
una vaga pregunta casi muda:
-¿Eres feliz a mi vera?
Respondí: junto a ti,
mi alma de emoción suspira,
y cuando me subo por tus venas,
el mundo con sus desgracias y penas
ante mis ojos se congela.

La magia del verbo

Bajo el cándido azul
de una serena tarde de abril,
busqué tu inocente mirada de miel,
para espantar mi torpeza,
con el tímido verbo que habita,
entre tu mirada y mi piel.

La aurora

El soplo de la aurora,

de una lozana mañana,

anuncia un alegre día,

donde la magia y la frescura

de tu blando aliento,

rejuvenece el alma

del candil de mi boca.

Huellas

De tus serenas manos aprendí,
que la tempestad es pasajera
y que la vileza humana no es duradera,
porque... porque con cada caricia,
con esmero me mostrabas,
que el mundo es un pañuelo
y la vida es sólo un sueño
para odiar y dejar heridas.

El torpe silencio

La noche se mezcló
con tu cándida mirada,
y en el torpe silencio
de la densa oscuridad,
su brillo me iluminó
al besarte el alma.

Tu resplandor

Mi dulce princesa,

de inmaculado rostro,

recorre el mapa de mi soledad,

con sus zapatitos de oro.

Cuando se adentra en mis sueños,

alumbra la sombra de mis noches

con su cándido ardor.

¡Niña! ¿Dónde guardas tanto resplandor?

La verdad de tus ojos

Cada vez que exploro
la sombra de tus trenzas,
el aire de tu boca
interrumpe la fiesta
de tu dorada piel,
para acariciar mi silencio,
mientras trato de descifrar
el misterio de la verdad
que transmiten tus ojos.

Tu aliento

Cuando rozo tu silencio, me pregunto:
Si en tus serenas manos se reúnen
besos, juegos y lirios
¿De que estará hecho tu aliento?

El eco de mis palabras

En las noches de mis sueños,

la luna serena y clara,

desafía el ruido de mis palabras

para alumbrar los caminos,

del alma de mis cielos

El calor de tu mirada

Cuando me sumerjo en el mar
del sonido de tus besos,
la luz tierna de la madrugada
se asoma por los jardines de mi alma
para saciar el ruido de mi sed,
con el calor de tu mirada.

Bajo tu ventana

En el caos de tu ausencia,
el silencio de mi soledad,
recrea espacios sin memoria,
donde las sirenas cantan coplas
bajo la ventana de tus cielos,
para curar el daño causado
por tu maldita dulzura.

Las calles de tu luna

Paseábamos por la orilla
dorada de la playa.
La mañana nos sonreía
y nuestros cuerpos
celebraban la primavera.
Unidas nuestras manos,
caminábamos serenos
acariciándonos el alma
con la mirada.
Te besé en los ojos
para explorar tu timidez,
y el eco del beso despertó
al niño que jugaba
en las calles de tu luna.

El sol de tu piel

Brota en tu piel,
blanca, virgen y sencilla,
una lozana flor de abril
que une mi cielo con tu estrella.
Como un niño que olvidó crecer,
deshojé los pétalos de seda,
de aquella inmaculada flor,
para perfumar mi mesita
con la esperanza de soñar
con el sol de tu piel.

Tus amaneceres

En el silencio de mis lunas serenas,

emerge la verdad de tu inocente verbo

para alumbrar la soledad de mi voz,

mientras acaricio los espacios sin alma,

de la sombra de tus amaneceres.

El alma de tu soledad

Enciendo las velas
de la brisa matinal,
mientras voy deshojando
mis margaritas de cristal,
para que brillen
los cándidos sueños
del alma de tu soledad.

Los caminos de la soledad

Quiero perderme en tu cuerpo,
para recorrer los caminos de tu soledad
y descubrir el encanto de la luna,
que adorna tu sedosa piel.
Quiero perderme en tu mirada,
para saber cuántas estrellas tiene el cielo
y ver cómo nace el sol de la verdad,
en la primavera de tus pupilas de miel.

Poema acróstico (FATEMA)

Fuente de silencios transparentes,

Aura blanda, tierna y serena.

Te pareces a la palabra poesía,

En tu manera de emocionar mi alma.

Mientras exista la palabra "mamá",

Al mundo nunca le faltará ternura.

Tu bondad

Me sumerjo en el interior
del incomprendido y solitario,
universo de mis palabras,
buscando el eco del grito,
de una muda soledad,
para detener el tiempo,
y acariciar tu tímida voz,
bajo el embrujo de la noche,
donde la luna y el mar
se inspiran de tu bondad.

Mi plan secreto

Tengo un plan secreto,
que nos hará ver la vida
con tus ojos de niña:
Te daré un amor sencillo,
sin lujos ni diamantes,
pero con un sincero corazón,
que respira de tus lunares.

La flor rebelde

En el refugio de tus sueños,
tiemblan los ojos de mi cielo
cada vez que ven crecer,
la rebelde flor de la soledad
en el corazón de los versos,
donde se mezclan
tu inspiración y mi verdad.

La serenidad de tus manos

En medio de un caos lúcido,
me miró a los ojos
y me tendió la mano.
Al tocarla, sentí que su mirada
transmitía vida
y que mis desgastados poemas,
respiraban por sus manos.

El aroma de tu presencia

A la verita tuya mis sueños huelen
a hierbabuena y jazmín,
por eso le pido a la luna
que alargue mis noches,
porque ya no conozco a nada
que inspire los versos de mis amores,
que el dulce encanto
del aroma de tu presencia.

Mi musa

Vestida de princesa oriental,
y con mariposas en el pelo,
mi sagrada musa
de pupila penetrante y azul,
ilumina con su serena sonrisa,
la torre de oro,
más alta del Monte Parnaso,
para endulzar el sordo cielo,
y desafiar la altiva luz del sol.

El camino

En mis vigilias te inventé

y de tu andar sereno,

descubrí el virgen camino,

para llegar hacia ti.

Tus pasos seguí,

con el dulce consuelo,

de encontrar la senda

que ilumina el alma

del silencio de mi verdad.

La flor del desierto

Tu inconfundible aroma
me mantiene despierto,
para ver con ojos de niño,
cómo crece la flor
en medio del desierto.

Refugio y sueños

Con esmero mi pluma recorre,
el libro de tus sueños,
donde mis rebeldes versos se juntan,
con tu silencio transparente,
para alumbrar las noches
del mapa de mis penas.

El cielo de tu mitrada

Mientras te besaba la voz,
una alegre canción gitana,
traía el secreto del viento azul,
de la brisa gaditana,
que estremeció mi alma,
bajo la cándida luna
del cielo de tu mirada.

Volver a nacer

Cuando me preguntan,
por cómo volví a nacer,
eludo cualquier respuesta,
sonrío y agacho la cabeza,
para que nadie piense,
en la singularidad de tu ser.

La estrella del amor

El suave aire de tu boca,
abanica el rostro de la noche
y mueve los brazos de la luna,
para pintar de azul el cielo,
donde germina la pasión
de la desesperada estrella del amor.

El almizcle de tu boca

Dentro del sonido de mi silencio
sólo cabe el ruido de tus pasos,
y el dulce olor a almizcle,
que tu inmaculada sonrisa desprende
para llenar los espacios
del oasis de mi soledad.

Tu sonrisa

Tengo escrito en un suspiro
las palabras heladas que dijimos,
cerca de aquel mar sordo
que sonríe igual que tú.

Alma de rosa

Cuando miro al cielo,
estremece mi alma
y disipo mis dudas,
porque sólo en ti,
rosa de mis silencios,
pude ver con ojos de niño,
la estrella que siempre soñé.

La resentida luna

La luna suspiraba de celos,
y se resistía a salir,
al ver cómo surcaba
el cielo de tu mirada,
para perderme en el encanto,
del mar de tus ojos.

Mamá

Para ser un ángel,
no es necesario tener alas,
basta con ser madre
para acariciar el cielo,
besar el firmamento
y dar vida a las estrellas.

El imperio de la primavera

Cuando palidece la última estrella,
de la profunda noche azul,
emergen tus lucientes lunares,
en medio de un himno Becqueriano,
para encender las pupilas,
del imperio de la primavera.

El corazón de la noche

En el refugio de la soledad,
mi obsesiva memoria,
evoca tus inocentes pasos,
mientras dibujo sombras,
en el corazón de la noche,
para ahuyentar los miedos,
que me impiden tocar,
las puertas de la luna.

El sentir del alma

Con timidez me preguntas,

por qué cierro los ojos,

cuando te tomo de las manos.

Y con suaves susurros

trato de explicarte,

que las cosas bonitas,

se sienten con el alma

y no con los ojos.

Mariposa virgen

Mi alma de emoción suspira,
al ver cómo tus inconfundibles pasos,
recorren los senderos de mi vida
y alumbran la sombra de mis sueños
a través de tus rutas estelares.
Mariposa virgen,
reina de mis rosales.